MAJA NETT

Cookie
DOUGH

ROHER KEKSTEIG ZUM VERNASCHEN

BACKOFEN

Die Backofentemperaturen in diesem Buch beziehen sich auf einen Elektroherd mit Ober-
und Unterhitze. Falls Sie mit Umluft arbeiten, reduziert sich die Temperatur um 20 °C.
Falls nicht anders erwähnt, wird immer die mittlere Schiene des Backofens genutzt.

MENGENANGABEN/LÖFFELMENGEN

1 El Mehl, Backpulver, Stärke = 10 g

1 El gehackte Nüsse = 10 g

1 El gemahlene Nüsse = 5 g

1 El Butter = 12 g

1 El Milch, Sahne = 15 ml

1 El Kakaopulver = 5 g

1 El Zucker = 15 g

1 El Puderzucker = 10 g

1 El Konfitüre = 15 g

1 El Honig = 20 g

1 El Öl = 12 ml

1 Tl Backpulver, gehäuft = 10 g

1 Tl Backpulver, gestrichen = 4 g

ABKÜRZUNGEN:

ca. = circa

cl = Zentiliter

cm = Zentimeter

El = Esslöffel

g = Gramm

l = Liter

ml = Milliliter

Tl = Teelöffel

Ø = Durchmesser

ALLE TEXTE UND FOTOS:

Maja Nett

ILLUSTRATIONEN:

Fotolia.com: Sternenstaub, z. B. S. 9 u. re. und S. 11 o. re. (© appler), alle Strahlen,
z. B. unter Rezeptnamen und Sterne (© MicroOne), kompassähnliche Symbole,
z. B. S. 5 o. re. (©jacartoon)

Inhalt

Cookie Dough –
TEIGNASCHEN FÜR ALLE!

Cookie Dough – roher Keksteig – ist eine kleine, süße Sünde und versetzt uns zurück in die Kindheit. Endlich ist Naschen ausdrücklich erlaubt. Lass dich von der Vielfalt begeistern!

Für ein gutes Gefühl!

Für all die Teignascher und Löffelablecker von früher gibt es jetzt eine gute Nachricht: Cookie Dough liegt voll im Trend und darf heute ganz pur und ausdrücklich genascht werden. Mehr noch, der rohe Teig wandert außerdem in Eis, in Kuchen und Teilchen, in Cupcakes und Pfannkuchen. Kleine Sünden in Teigform, die uns die Wochenenden versüßen und uns in die Kindheit zurückversetzen.

Da der Teig in seiner Grundform nicht erhitzt wird, wird in allen rohen Rezepten auf Eier im Teig verzichtet, um eine Salmonelleninfektion zu verhindern. Doch auch Mehl ist ein Naturprodukt, das bei der Verarbeitung vom Weizenkorn zwar geschält und gemahlen wird, jedoch bakteriell verunreinigt sein kann, zum Beispiel durch Vögel. Neben der generellen Empfehlung möglichst auf Bio-Produkte zurückzugreifen, sollte das Mehl vor der Verwendung also unbedingt keimfrei gemacht werden. Dafür wird die für das Rezept benötigte Menge Mehl einfach auf ein sauberes Backblech gegeben und bei 120 °C im vorgeheizten Ofen 10 Minuten gebacken. Alternativ kann das Mehl in einem mikrowellengeeigneten Gefäß 2 Minuten auf höchster Stufe erhitzt werden. Hier empfiehlt es sich, das Mehl alle 30 Sekunden durchzurühren. Bei beiden Varianten sollte das Mehl erst vollständig auskühlen und durchgesiebt werden, bevor es, wie im Rezept angegeben, weiterverarbeitet wird.

Gut zu wissen!

Bei dem im Buch verwendeten Mehl handelt es sich um ein Bio-Weizenmehl Type 405. Die Butter für den herzustellenden Keks-Teig muss sehr weich sein und sollte vor dem Backen mindestens 2 Stunden bei Raumtemperatur gelegen haben, besser über Nacht. Sie darf jedoch nicht in der Mikrowelle oder im Topf geschmolzen werden! Butter und Zucker müssen in den Keksteigrezepten immer erst cremig aufgeschlagen werden. Das dauert meist mehrere Minuten und sorgt dafür, dass sich der Zucker weitgehend auflöst. Auf diese Weise vermeidet man knirschende Zuckerkristalle.

Alle Cookie-Dough-Grundrezepte im ersten Kapitel ergeben einen weichen, gut formbaren Keksteig. Der Teig kann entweder zu kleinen Kugeln gerollt oder mit einem Eisportionierer geformt werden.

Cookie Dough hält sich im Kühlschrank problemlos einige Tage frisch, wenn er luftdicht in Dosen oder Tüten verpackt ist. Durch die enthaltene Butter oder Schokolade wird der Teig jedoch sehr fest, so dass er mindestens 1-2 Stunden bei Raumtemperatur weich werden sollte, bevor er serviert wird.

Die vorgestellten Keksteige eignen sich nicht dazu, daraus später Cookies zu backen. Der Teig enthält keine Eier oder Backtriebmittel, wodurch gebackene Kekse eher trocken und bröselig werden.

Probier doch mal Cookie-Dough-Pralinen aus! Such dir einfach deinen bevorzugten Grundteig aus dem ersten Kapitel, forme ihn zu Kugeln und friere ihn ein. Die gefrorenen Kugeln können dann in geschmolzene Schokolade getaucht werden. Lass sie auf einem Kuchengitter abkühlen und genießen die Cookie-Dough-Pralinen bei Raumtemperatur.

Dass es sich bei diesen Rezepten um kleine Kalorienbomben handelt, ist sicher klar. Allerdings sollten für den Geschmack, wie im Rezept angegeben, unbedingt normale Butter und Doppelrahmfrischkäse verwendet werden, keine Halbfettprodukte oder Margarinen. Lieber seltener und weniger Cookie Dough genießen, dafür aber mit vollem Genuss!

Jetzt aber viel Spaß beim Rühren und Naschen!
Eure Maja

CHOCOLATE CHIP
Cookie Dough

Für 4 Portionen

125 g weiche Butter

50 g feinster Zucker

50 g brauner Zucker

2 El Vollmilch

175 g Mehl

2 Prisen Meersalzflocken

75 g Zartbitter-Schokotröpfchen

ZUBEREITUNGSZEIT:

ca. 10 Minuten

✦ Die Butter mit beiden Zuckersorten einige Minuten lang cremig aufschlagen, dann die Milch unterrühren.

✦ Mehl und Salz nur noch kurz untermischen, bis sich gerade alles vermengt hat.

✦ Zuletzt die Schokotröpfchen kurz von Hand unterheben. Sofort servieren.

Tipp

Den Keksteig zu walnussgroßen Kugeln rollen und in 200 g geschmolzene Zartbitterschokolade tauchen. Bei Raumtemperatur fest werden lassen und als Cookie-Dough-Pralinen servieren.

Tipp

Wer mag, hebt zum Schluss noch 25 g klein gehackte Sultaninen unter den fertigen Teig und erhält so einen Oatmeal Raisin Cookie Dough.

Oatmeal
COOKIE DOUGH

Für 4 Portionen

125 g weiche Butter
75 g brauner Zucker
100 g Mehl
75 g feine Haferflocken
¼ Tl Zimtpulver
1 Prise Salz

ZUBEREITUNGSZEIT:
ca. 10 Minuten

✦ Die Butter und den Zucker einige Minuten lang cremig aufschlagen.

✦ Mehl, Haferflocken, Zimt und Salz separat vermischen. Dann nur kurz, aber gründlich, unter die Butter-Zucker-Mischung rühren.

DARK CHOCOLATE
Cookie Dough

Für 4-6 Portionen

200 g dunkle
   Zartbitterschokolade
125 g weiche Butter
125 g feinster Zucker
100 ml Milch
120 g Mehl
60 g ungesüßtes Kakaopulver
1 Prise Meersalzflocken

ZUBEREITUNGSZEIT:
ca. 20 Minuten

✦ Die Schokolade grob hacken und vorsichtig über einem Wasserbad schmelzen. Leicht abkühlen lassen.

✦ Die Butter mit dem Zucker einige Minuten lang cremig aufschlagen. Zuerst die geschmolzene Schokolade unterrühren, dann die Milch.

✦ Mehl, Kakaopulver und Salz separat miteinander vermischen, dann kurz, aber gründlich unter den Teig mixen. Sofort servieren.

Hinweis

Der Teig wird beim Kühlen fest und muss mindestens 1 Stunde vor dem Servieren aus dem Kühlschrank genommen werden.

Tipp

Wer es noch schokoladiger mag, hebt zusätzlich 50 g Zartbitter-Schokotröpfchen unter den fertigen Teig.

SUGAR SPRINKLES
Cookie Dough

Für 4 Portionen

125 g kalte Butter
100 g Puderzucker
150 g Mehl
1 Prise Salz
2 El bunte Zuckerstreusel

ZUBEREITUNGSZEIT:
ca. 10 Minuten
(plus ggf. 30 Minuten Kühlzeit)

✦ Die Butter mit dem Puderzucker, dem Mehl und dem Salz rasch zu einem glatten Mürbeteig oder groben Streuseln verkneten.

✦ Mit den Zuckerstreuseln vermischen oder bestreuen. Auf Schälchen verteilen und sofort servieren.

Tipp

Falls der Teig bei der Verarbeitung zu weich geworden ist, vor dem Servieren einfach noch mal für 30 Minuten im Kühlschrank durchkühlen lassen.

Tipp

Lecker schmecken auch geröstete Mandelblättchen, die über den Cookie Dough gestreut werden.

Vegan Hummus
COOKIE DOUGH

Für 4 Portionen

1 Dose Kichererbsen (400 g)
100 g ungesüßtes
   Erdnussmus
80 ml Ahornsirup
1 Prise Salz
50 g vegane Zartbitter-
   Schokotropfen

ZUBEREITUNGSZEIT:
ca. 20 Minuten

✦ Die Kichererbsen in ein Sieb geben, gründlich abwaschen und abtropfen lassen. Die äußere Haut von den Kichererbsen entfernen.

✦ Kichererbsen, Erdnussmus, Ahornsirup und Salz mit dem Pürierstab oder in einer Küchenmaschine so lange mixen, bis eine glatte, cremige Konsistenz entstanden ist. Zuletzt die Schokotropfen unterheben. Sofort servieren.

vegan

LEMON PISTACHIO
Cookie Dough

Für 4 Portionen

1 unbehandelte Zitrone
75 g geröstete und
    gesalzene Pistazien
125 g weiche Butter
150 g gesiebter Puderzucker
200 g Mehl

ZUBEREITUNGSZEIT:
ca. 15 Minuten

✦ Die Zitrone heiß waschen und trocken reiben. Die Schale dünn abreiben und den Saft auspressen. Die Pistazien aus der Schale lösen und die braune Haut entfernen. Pistazien halbieren.

✦ Die Butter mit dem Puderzucker einige Minuten lang cremig aufschlagen, dann Zitronensaft und -schale gründlich unterrühren.

✦ Das Mehl nur kurz, aber gründlich untermixen und zuletzt die Pistazien unterheben. Sofort servieren.

Tipp

Statt der Pistazien schmecken auch Cashewkerne und Macadamias. Für noch mehr grüne Farbakzente können auch 1 ½ unbehandelte Limetten verwendet werden.

MAPLE WALNUT
Cookie Dough

Für 4 Portionen

70 g Walnüsse
50 ml Ahornsirup
125 g weiche Butter
50 g feinster Zucker
175 g Mehl
1 Prise Salz

ZUBEREITUNGSZEIT:
ca. 15 Minuten
(plus 15 Minuten Kühlzeit)

✦ Die Walnusshälften grob hacken. Dann mit dem Ahornsirup in eine kleine Pfanne geben. Bei mittlerer Temperatur unter Rühren erhitzen und einige Minuten leicht köcheln lassen, bis die Walnüsse leicht karamellisieren. Vom Herd ziehen und auf Raumtemperatur abkühlen lassen.

✦ Die Butter mit dem Zucker einige Minuten lang cremig aufschlagen. Mehl und Salz zusammen mit den Walnüssen und dem Ahornsirup gründlich unterrühren. Sofort servieren.

WHITE CHOCOLATE MACADAMIA
Cookie Dough

Für 4 Portionen

125 g weiche Butter

125 g brauner Zucker

2 El Milch

175 g Mehl

75 g geröstete und gesalzene
   Macadamianüsse

50 g weiße Schokolade

ZUBEREITUNGSZEIT:
ca. 15 Minuten

✦ Die Butter mit dem Zucker einige Minuten cremig aufschlagen, dann die Milch unterrühren. Mehl und Salz nur noch kurz untermischen, bis sich gerade alles vermengt hat.

✦ Macadamias und weiße Schokolade hacken und vorsichtig unter den Teig heben. Sofort portionieren und servieren.

Salted Caramel
COOKIE DOUGH

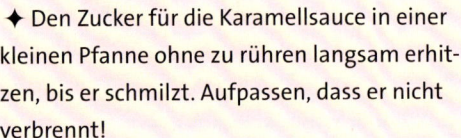

Für 4 Portionen

FÜR DAS SALTED CARAMEL:

125 g Zucker
50 g weiche Butter
100 ml Sahne
1/2 Tl feine Meersalzflocken

FÜR DEN COOKIE DOUGH:

125 g weiche Butter
50 g feinster Zucker
2 El Milch
150 g Mehl

ZUBEREITUNGSZEIT:

ca. 20 Minuten
(plus ca. 1 Stunde Kühlzeit)

✦ Den Zucker für die Karamellsauce in einer kleinen Pfanne ohne zu rühren langsam erhitzen, bis er schmilzt. Aufpassen, dass er nicht verbrennt!

✦ Sobald der Zucker eine goldbraune Farbe angenommen hat, die Butter hinzufügen und gründlich unterrühren. Vorsicht, es spritzt! Die Mischung unter weiterem Rühren etwa 1 Minute köcheln lassen, dann die Sahne langsam hinzufügen und wieder gut unterrühren. Nochmal kurz köcheln lassen, dann vom Herd ziehen und das Salz unterrühren. In eine hitzebeständige Schüssel umfüllen und mindestens 30 Minuten auf Raumtemperatur abkühlen lassen. Dabei dickt das Karamell weiter an.

✦ Für den Cookie Dough die Butter mit dem Zucker einige Minuten lang dick-cremig aufschlagen, dann die Milch unterrühren. Mehl und Salz nur noch kurz untermischen, bis sich gerade alles vermengt hat.

✦ Das cremige Salzkaramell vorsichtig als Swirl unter den Cookie Dough heben und diesen vor dem Servieren noch mal 30 Minuten in den Kühlschrank stellen.

Tipp

Auch lecker ist ein Schoko-Kokos-Aufstrich
und untergehobene Kokosraspeln!

Chocolate Hazelnut

COOKIE DOUGH

Für 4-6 Portionen

125 g weiche Butter

50 g feinster Zucker

150 g Schoko-Haselnuss-
   Aufstrich

2 El Milch

150 g gemahlene Haselnüsse

ZUBEREITUNGSZEIT:

ca. 10 Minuten

✦ Die Butter mit dem Zucker und dem Schoko-Haselnuss-Aufstrich einige Minuten lang cremig aufschlagen, dann die Milch unterrühren.

✦ Die gemahlenen Haselnüsse hinzufügen und gründlich untermixen. Bis zum Servieren kalt stellen oder sofort servieren.

RASPBERRY ALMOND
Cookie Dough

Für 4 Portionen

125 g weiche Butter
100 g feinster Zucker
1 Pk. Vanillezucker
2 El Milch
150 g Mehl
1 Prise Salz
75 g frische Himbeeren
50 g Mandelsplitter

ZUBEREITUNGSZEIT:
ca. 10 Minuten

✦ Die Butter mit dem Zucker und Vanillezucker einige Minuten lang cremig aufschlagen, dann die Milch unterrühren. Mehl und Salz nur noch kurz untermischen, bis sich gerade alles vermengt hat.

✦ Die Himbeeren zusammen mit den Mandelsplittern vorsichtig unter den Teig heben. Sofort servieren oder für maximal 1 Tag im Kühlschrank aufbewahren.

Tipp

Auch andere Beeren wie Brombeeren, Blaubeeren oder schwarze Johannisbeeren schmecken superlecker. Einfach mal ausprobieren!

OVERNIGHT OATS
Cookie Dough

Für 4 Portionen

4 El ungesüßtes Erdnussmus
2 El Ahornsirup
3 El Zartbitter-Schokotropfen
200 g Naturjoghurt (3,5 % Fett)
100 g feine Haferflocken
1/2 Tl Zimtpulver
250 ml Milch
frisches Obst zum Servieren,
   zum Beispiel Beeren oder
   Bananen

ZUBEREITUNGSZEIT:
ca. 15 Minuten
(plus ca. 8 Stunden Kühlzeit)

✦ Das Erdnussmuss mit dem Ahornsirup in einer kleinen Schüssel mit dem Schneebesen zu einer glatten Paste verrühren. 1 Esslöffel Schokotropfen untermischen. Auf den Boden von vier verschließbaren Gläsern geben und glatt streichen.

✦ Den Joghurt glatt rühren und gleichmäßig als nächste Schicht darüber verteilen. Die Haferflocken mit dem Zimt mischen und in der Milch verrühren. Diese Mischung wieder gleichmäßig über der Joghurt-Schicht verteilen.

✦ Die Gläser gut verschließen und über Nacht in den Kühlschrank stellen. Am nächsten Morgen mit frischem Obst und den restlichen Schokotropfen garnieren und servieren.

COCONUT COOKIE DOUGH
Milkshake

Für 4 Portionen

75 g weiche Butter
125 g feinster Zucker
100 g Mehl
50 g Kokosflocken
1 Prise Salz
500 ml Milch
150 ml Sahne
1 Päckchen Vanillezucker
8 Kugeln Vanilleeis
   (ca. 750 ml)
2 El geröstete Kokoschips

ZUBEREITUNGSZEIT:
ca. 20 Minuten

✦ Für den Cookie Dough die Butter mit 100 g Zucker cremig aufschlagen. Mehl, Kokosflocken und Salz vermischen und abwechselnd mit 2 Esslöffeln Milch unter den Teig rühren. Den Teig zu erbsengroßen Stückchen zerkrümeln und kalt stellen.

✦ Die Sahne mit dem restlichen Zucker und dem Vanillezucker steif schlagen und ebenfalls kalt stellen.

✦ Die restliche Milch mit dem Vanilleeis in einen Standmixer oder eine hohe Rührschüssel geben. Bis auf 2 Esslöffel die Cookie-Dough-Krümel hinzufügen. Im Standmixer oder mit Hilfe eines Pürierstabs zu einem cremigen Shake mixen. Auf vier Gläser verteilen.

✦ Die Gläser mit der Sahne garnieren und mit restlichen Cookie-Dough-Krümeln und gerösteten Kokoschips dekorieren. Sofort servieren.

GINGERBREAD
Cookie Dough Fudge

Für 25 Stück

1 Dose gezuckerte
   Kondensmilch (400 ml)
150 g weiße Schokolade
2 EL Rübensirup
100 g Puderzucker
250 g Mehl
1 Prise Salz
1/4 Tl Zimtpulver
1/4 Tl Lebkuchengewürz

ZUBEREITUNGSZEIT:
ca. 20 Minuten
(plus ca. 3 Stunden Kühlzeit)

✦ Eine quadratische Backform mit 20 cm Seitenlänge großzügig mit Backpapier auslegen.

✦ Die gezuckerte Kondensmilch, die weiße Schokolade in Stücken und den Rübensirup im Wasserbad langsam schmelzen. Zu einer glatten Masse
verrühren und einige Minuten abkühlen lassen.

✦ Puderzucker, Mehl, Salz und Gewürze in einer
separaten Schüssel vermischen. Die Mehlmi-
schung auf die geschmolzene Schokoladenmasse
sieben und alles gründlich verrühren.

✦ Die Fudge-Masse in die vorbereitete Backform
gießen und glatt streichen. Abdecken und im Kühlschrank mindestens 2-3 Stunden auskühlen lassen.
Danach aus der Form heben und in 25 Würfel
schneiden.

✦ Luftdicht verpackt hält sich das Fudge einige
Tage im Kühlschrank.

Cookie-Dough-
FRISCHKÄSE-DIP

Für 4-6 Portionen

125 g weiche Butter
250 g zimmerwarmer Frischkäse
75 g feinster Zucker
1 Prise Salz
150 g Zartbitter-Schokotropfen

AUSSERDEM:
frisches Obst zum Servieren,
   zum Beispiel Erdbeeren oder
   Birnenschnitze

ZUBEREITUNGSZEIT:
ca. 10 Minuten

✦ Butter und Frischkäse zusammen mit Zucker und Salz kurz cremig rühren. Von Hand die Schokotropfen unterrühren und den Cookie-Dough-Dip zu frischem Obst, Waffeln oder Pfannkuchen servieren.

COOKIE DOUGH
Ice Cream

Für ca. 1 l Eiscreme

FÜR DEN COOKIE DOUGH:
125 g Butter
50 g Zucker
150 g Mehl
2 El Milch
75 g Zartbitter-Schokotropfen

FÜR DAS EIS:
400 ml Sahne
1 El Vanilleextrakt
1 Dose gezuckerte
  Kondensmilch (400 ml)
100 g Zartbitter-Schokotropfen

ZUBEREITUNGSZEIT:
ca. 20 Minuten
(plus ca. 4 Stunden 20 Minuten
Gefrierzeit)

✦ Eine gefriergeeignete Form mit Frischhaltefolie oder Backpapier auslegen.

✦ Für den Cookie Dough die Butter mit dem Zucker cremig aufschlagen. Abwechselnd Mehl und Milch unterrühren. Zuletzt die Schokotropfen unterheben. Den Teig zu etwa 1-2 cm großen Kugeln formen, auf ein Tablett oder Backblech setzen und mindestens 20 Minuten ins Gefrierfach stellen.

✦ Für das Eis die Sahne in eine Rührschüssel geben und steif schlagen. Vanilleextrakt und gezuckerte Kondensmilch hinzufügen und gründlich unterrühren. Bis auf 2 Esslöffel die vorbereiteten Cookie-Dough-Kugeln zusammen mit 75 g Schokotropfen vorsichtig unter die Eismasse heben und dabei aufpassen, dass der Teig nicht auseinanderfällt.

✦ Die Masse in die vorbereitete Form gießen und mindestens 1 Stunde einfrieren. Dann mit den restlichen Teigkugeln und Schokotropfen bestreuen. Mindestens weitere 3 Stunden, besser über Nacht, ins Gefrierfach stellen. Das Eis zu Kugeln formen und sofort servieren.

Tipp

Im Kühlschrank aufbewahrt halten sich die Energy Balls etwa 1-2 Wochen.

Cookie Dough
ENERGY BALLS

Für ca. 20 Stück

125 g Cashewkerne
150 g Haferflocken
3 El Ahornsirup
2 El Kokosöl
75 g Zartbitter-Schokotropfen

ZUBEREITUNGSZEIT:
ca. 20 Minuten
(plus ca. 1 Stunde Kühlzeit)

✦ Die Cashewkerne und Haferflocken mit einem Multizerkleinerer oder Standmixer so lange zerkleinern, bis alles gemahlen ist. Je nach Leistungsstärke des Mixers sollte ein feines bis sehr feines Pulver entstehen. Den Mixer zwischendurch immer wieder pausieren lassen, damit er nicht überhitzt und die Mischung nicht länger als wenige Sekunden am Stück mixen.

✦ Ahornsirup und Kokosöl hinzufügen und kurz durchmixen, bis alles vermischt ist. Zuletzt die Schokotropfen unterheben.

✦ Esslöffelweise Portionen von der Masse abnehmen und zwischen den Handflächen zu Kugeln rollen. Auf ein Stück Backpapier legen und mindestens 1 Stunde kalt stellen, dann servieren.

MARSHMALLOW WALNUT
Cookie Dough Bars

Für ca. 16 Stück

125 g weiche Butter
50 g brauner Zucker
200 g Mehl
1 Dose gezuckerte
   Kondensmilch (400 ml)
30 g Mini-Marshmallows
50 g Walnusskerne
50 g Haferflocken
50 g Zartbitter-Schokotropfen
150 g Zartbitterschokolade,
   grob gehackt
50 ml Sahne

ZUBEREITUNGSZEIT:
ca. 20 Minuten
(plus ca. 4 Stunden Kühlzeit)

✦ Eine quadratische Backform mit ca. 22 cm Seitenlänge gründlich mit Backpapier auslegen. Das klappt besonders einfach, wenn man das Backpapier vorab zerknüllt und mit Wasser anfeuchtet.

✦ Die weiche Butter mit dem braunen Zucker cremig aufschlagen. Nun abwechselnd das Mehl und die gezuckerte Kondensmilch unterrühren. Zuletzt Marshmallows, Walnusskerne, Haferflocken und Schokotropfen unterheben. Die vorbereitete Masse in die Backform geben und gut andrücken. Die Backform abdecken und die Masse mindestens 3 Stunden im Kühlschrank fest werden lassen.

✦ Die Zartbitterschokolade zusammen mit der Sahne in einer kleinen Schüssel über einem Wasserbad schmelzen und glatt rühren. Die Schokoladen-Ganache über den Teig in der Form gießen und gleichmäßig glatt streichen. Noch mal für mindestens 1 Stunde in den Kühlschrank stellen.

✦ Das Backpapier mit dem Cookie Dough vorsichtig aus der Form heben. Die Masse in 16 gleichmäßig große Stücke schneiden und sofort servieren. Luftdicht verpackt im Kühlschrank aufbewahren und rasch verbrauchen.

COOKIE DOUGH
Brownies

Für ca. 16 Stück
(Backform ca. 20 x 20 cm)

FÜR DEN BROWNIE-BODEN:
150 g Butter in Stücken
150 g Zartbitter-Schokolade
   (mind. 60 % Kakaoanteil)
3 Eier
200 g Zucker
75 g Mehl
40 g ungesüßtes Kakaopulver
1 Prise Salz

FÜR DAS COOKIE-DOUGH-TOPPING:
125 g weiche Butter
75 g brauner Zucker
85 g Mehl
2 El Milch
75 g Zartbitter-Schokotropfen

✦ Den Backofen auf 175 °C vorheizen. Eine Backform mit Butter einpinseln und mit Backpapier auslegen. Butter und gehackte Schokolade langsam über dem Wasserbad schmelzen, dann auf Raumtemperatur abkühlen lassen. Die Eier mit dem Zucker mehrere Minuten lang dick-schaumig aufschlagen. Die ausgekühlte Schokoladenmasse mit einem Kochlöffel vorsichtig unter die Eiermasse heben. Mehl, Kakaopulver und Salz mischen, auf die Eier-Schoko-Masse sieben. Vorsichtig mit einem Kochlöffel oder Teigschaber unterheben.

✦ Die Brownies 20-23 Minuten backen. Der Teig sollte im Inneren noch weich sein. Aus dem Ofen nehmen und auf einem Kuchengitter auf Raumtemperatur abkühlen lassen.

✦ Für das Cookie-Dough-Topping Butter mit Zucker cremig aufschlagen, bis sich der Zucker weitgehend aufgelöst hat. Abwechselnd Mehl und Milch unterrühren, bis ein weicher Teig entsteht. Zuletzt die Schokotropfen unterheben. Gleichmäßig auf die Brownies streichen.

AUSSERDEM:
Butter für die Form

ZUBEREITUNGSZEIT:
ca. 30 Minuten
(plus ca. 20 Minuten Backzeit
und 1 Stunde 30 Minuten
Kühlzeit)

✦ Die Form vorsichtig abdecken und für 30 Minuten
in den Kühlschrank stellen. Danach in gleichmäßige Stücke schneiden, vorsichtig aus der Form
heben und servieren.

Tipp

Luftdicht verpackt halten sich die Cookie-
Dough-Brownies einige Tage im Kühlschrank frisch.

COOKIE-DOUGH-
Torte

Für 8 Stücke
(2 Springformen, 15 cm Ø)

FÜR DIE TORTENBÖDEN:

125 g weiche Butter
175 g feinster Zucker
3 Eier
1 Tl Vanilleextrakt
200 g Mehl
1 Tl Backpulver
1 Prise Salz
175 ml Buttermilch
50 g Zartbitter-Schokotropfen
Butter für die Form

✦ Den Backofen auf 175 °C vorheizen. 2 Spring-formen mit Butter einfetten. Für die Tortenböden Butter mit Zucker einige Minuten lang schaumig aufschlagen. Eier und Vanilleextrakt nach und nach hinzufügen und gründlich untermixen. Mehl, Backpulver und Salz gründlich vermischen und abwechselnd mit der Buttermilch unterrühren. Den Teig gleichmäßig auf die Backformen verteilen und locker mit den Schokotropfen bestreuen. 25-30 Minuten goldbraun backen. 10 Minuten in der Form auskühlen lassen, dann vorsichtig aus der Form lösen und auf einem Kuchengitter vollständig auskühlen lassen.

✦ Für die Cookie-Dough-Füllung die Butter mit dem braunen Zucker und Puderzucker einige Minuten lang cremig aufschlagen. Mehl und Salz mischen und zusammen mit der Milch unter den Teig rühren. Zuletzt die Schokotropfen unterheben. Die Hälfte des Cookie Doughs erst einige Minuten kalt stellen, dann mit den Händen zu 8 kleinen Kugeln formen, den Rest bei Raumtemperatur zur Seite stellen.

FÜR DEN COOKIE DOUGH:

125 g weiche Butter

100 g brauner Zucker

30 g Puderzucker

50 g Mehl

1 Prise Salz

2 El Milch

50 g Zartbitter-Schokotropfen

FÜR DAS FROSTING:

100 g weiche Butter

175 g Puderzucker

2 El Sahne

ZUBEREITUNGSZEIT:

ca. 45 Minuten

(+ 25 Minuten Backzeit)

✦ Für das Frosting die Butter mit dem Puderzucker cremig aufschlagen. Die Sahne hinzufügen und alles einige Minuten lang zu einer luftigen Masse aufschlagen.

✦ Beide Böden mit einer dünnen Schicht des Frostings bestreichen und einige Minuten in den Kühlschrank stellen. Einen der beiden Böden auf eine Tortenplatte setzen und den Cookie-Dough-Teig darauf verstreichen. Den zweiten Boden vorsichtig daraufsetzen. Mit dem restlichen Frosting rundherum dünn bestreichen. Mit den vorbereiteten Kugeln garnieren. Bis zum Servieren kalt stellen.

COOKIE DOUGH
Cheesecake Blondies

Für 25 Stück
(Backform ca. 20 x 20 cm)

FÜR DIE BLONDIES:
150 g Butter
150 g weiße Schokolade
2 Eier
150 g brauner Zucker
1 Tl Vanilleextrakt
200 g Mehl
1 Prise Salz

FÜR DIE CHEESECAKE-FÜLLUNG:
500 g zimmerwarmer Frischkäse
100 g Zucker
2 Eier
1 El Speisestärke
1 Prise Salz

✦ Eine Backform mit mit Backpapier auslegen. Für die Blondies die Butter mit der gehackten weißen Schokolade im Wasserbad langsam schmelzen. Danach etwas abkühlen lassen. Den Backofen auf 175 °C vorheizen.

✦ Die Eier zusammen mit dem braunen Zucker und dem Vanilleextrakt einige Minuten lang zu einer dick-schaumigen Masse aufschlagen. Die Butter-Schokoladen-Mischung langsam unter ständigem Rühren dazugießen und alles miteinander vermischen. Das Mehl darübersieben und zusammen mit dem Salz kurz unterrühren. Den Teig nun in die vorbereitete Backform füllen und glatt streichen.

✦ Für die Cheesecake-Füllung Frischkäse mit Zucker cremig aufschlagen. Die Eier einzeln unterrühren, zuletzt die Speisestärke und das Salz kurz untermischen. Gleichmäßig auf den Blondie-Teig streichen. 45-50 Minuten backen, bis die Füllung fest geworden und leicht gebräunt ist. Danach aus dem Ofen nehmen und auf Raumtemperatur abkühlen lassen.

FÜR DAS COOKIE-DOUGH-TOPPING:

125 g weiche Butter

75 g brauner Zucker

75 g Mehl

2 El Milch

75 g Zartbitter-Schokotropfen

ZUBEREITUNGSZEIT:

ca. 30 Minuten

(plus ca. 50 Minuten Backzeit,

1 Stunde Abkühlzeit und

3 Stunden Kühlzeit)

✦ Für das Cookie-Dough-Topping die Butter mit dem Zucker cremig aufschlagen. Abwechselnd Mehl und Milch unterrühren, bis ein weicher Teig entsteht. Zuletzt die Schokotropfen unterheben. Das Topping gleichmäßig auf die Cheesecake-Blondies streichen. Die Backform abdecken und mindestens 2 Stunden in den Kühlschrank stellen. Danach in 25 Würfel schneiden und servieren.

WINDBEUTEL MIT
Cookie Dough

Für 6 Stück

FÜR DIE WINDBEUTEL:

25 g Butter
1 Prise Salz
70 g Mehl
2 Eier

FÜR DIE FÜLLUNG:

70 g weiche Butter
125 g zimmerwarmer Frischkäse
2 El brauner Zucker
75 g gesiebter Puderzucker
100 g gesiebtes Mehl
2 El Milch
75 g frische Erdbeeren,
   in kleine Würfel geschnitten
Puderzucker zum Bestäuben

ZUBEREITUNGSZEIT:

ca. 25 Minuten
(plus ca. 25 Minuten Backzeit
und 30 Minuten Kühlzeit)

✦ Den Backofen auf 200 °C vorheizen. Ein Backblech mit Backpapier auslegen. Für die Windbeutel 125 ml Wasser mit Butter und Salz in einen Topf geben und einmal aufkochen lassen. Das Mehl hineingeben und so lange mit einem Holzlöffel rühren, bis ein glatter Teigkloß entsteht. Den Teig in eine Rührschüssel umfüllen und die Eier einzeln darunterrühren, bis der Teig glatt und glänzend ist. In einen Spritzbeutel mit Lochtülle füllen. 6 gleichmäßige Rosetten auf das Backblech spritzen, dabei ausreichend Abstand zueinander lassen. Etwa 25 Minuten goldbraun backen, währenddessen die Ofentür unbedingt geschlossen lassen! Herausnehmen, noch warm aufschneiden und auf einem Kuchengitter vollständig auskühlen lassen.

✦ Für die Füllung weiche Butter mit Frischkäse und braunem Zucker einige Minuten lang cremig aufschlagen. Puderzucker und Mehl mischen und zusammen mit der Milch unterrühren. Zuletzt die Erdbeerstückchen vorsichtig unterheben. Die Windbeutel mit der Füllung bestreichen. Zusammensetzen, mit Puderzucker bestreuen und sofort servieren.

COOKIE DOUGH
Blueberry Cake

12 Stücke
(Tarteform 26 cm Ø)

FÜR DEN MÜRBETEIG-BODEN:
210 g Mehl, ¼ Tl Salz
70 g Puderzucker
75 g kalte Butter, in Stückchen
75 g Frischkäse

FÜR DIE ZITRONEN-COOKIE-DOUGH-FÜLLUNG:
125 g weiche Butter
150 g gesiebter Puderzucker
Saft und Abrieb von
    1 unbehandelten Zitrone
100 g Mehl
125 g frische Blaubeeren

AUSSERDEM:
Butter und Mehl für die Form
Hülsenfrüchte zum Blindbacken

ZUBEREITUNGSZEIT:
25 Minuten (plus 2 Stunden Kühlzeit und
25 Minuten Backzeit)

✦ Alle Zutaten für den Boden zu einem krümeligen Teig verkneten. Nach und nach 50-75 ml eiskaltes Wasser hinzufügen, bis der Teig glatt und geschmeidig ist. In Frischhaltefolie wickeln und mindestens 1 Stunde kühl stellen.

✦ Eine Tarteform mit Butter einfetten und mit Mehl bestäuben. Den Teig ausrollen und die Form damit auskleiden. Einen Rand hochziehen und überschüssigen Teig abschneiden. Für 10-15 Minuten ins Gefrierfach stellen. Den Backofen auf 200 °C vorheizen.

✦ Den Teig mit Backpapier belegen und mit Hülsenfrüchten beschweren. Für 15 Minuten blindbacken. Backpapier und Hülsenfrüchte entfernen und den Boden weitere 10 Minuten backen. Aus dem Ofen nehmen und auskühlen lassen. Danach vorsichtig aus den Formen lösen.

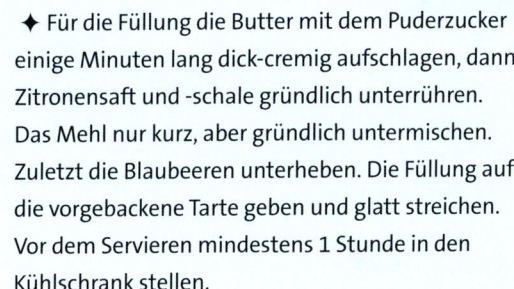

✦ Für die Füllung die Butter mit dem Puderzucker einige Minuten lang dick-cremig aufschlagen, dann Zitronensaft und -schale gründlich unterrühren. Das Mehl nur kurz, aber gründlich untermischen. Zuletzt die Blaubeeren unterheben. Die Füllung auf die vorgebackene Tarte geben und glatt streichen. Vor dem Servieren mindestens 1 Stunde in den Kühlschrank stellen.

SCHOKOLADEN-CUPCAKES MIT
Cookie Dough

Für 12 Cupcakes

FÜR DIE CUPCAKES:

125 g weiche Butter

150 g Zucker, 2 Eier

150 g Mehl

2 El Kakaopulver

1 Tl Backpulver, 1 Prise Salz

100 g Zartbitterschokolade

100 g saure Sahne

FÜR DAS FROSTING:

75 g zimmerwarmer Frischkäse

75 g weiche Butter

75 g brauner Zucker

1 El Milch, 30 g Mehl

350 g Puderzucker

50 g Zartbitter-Schokotropfen

ZUBEREITUNGSZEIT:

ca. 25 Minuten

(plus ca. 20 Minuten Backzeit

und 30 Minuten Kühlzeit)

✦ Den Backofen auf 175 °C vorheizen und ein Muffinblech mit Papierförmchen auslegen. Die Butter mit dem Zucker dick-cremig aufschlagen, dann die Eier einzeln unterrühren. Mehl mit Kakao, Backpulver und Salz mischen und unter den Teig rühren.

✦ Die Schokolade in Stücke brechen und im Wasserbad schmelzen. Zusammen mit der sauren Sahne unter den Teig rühren. Gleichmäßig auf die Förmchen verteilen und etwas glatt streichen. 20-22 Minuten backen, dann in der Form etwas auskühlen lassen. Aus der Form lösen und auf dem Kuchengitter komplett auskühlen lassen.

✦ Für das Frosting Frischkäse mit Butter cremig rühren. Den braunen Zucker und die Milch hinzufügen und unterrühren. Mehl und Puderzucker darübersieben und die Mischung cremig rühren. Falls nötig, noch etwas Milch oder Puderzucker bis zur gewünschten Konsistenz hinzufügen. Das Frosting 10-15 Minuten in den Kühlschrank stellen. In einen Spritzbeutel mit großer Tülle füllen und auf die Cupcakes spritzen. Mit den Schokotropfen bestreuen und servieren.

Tipp

Luftdicht verpackt halten sich die
Sandwich-Cookies ein paar Tage im
Kühlschrank. Sie sollten etwa 30 Minuten
vor dem Servieren aus dem Kühlschrank
genommen werden.

COOKIE DOUGH
Sandwich Cookies

Für 15 Stück

FÜR DIE KEKSE:

125 g kernige Haferflocken
125 g Mehl
1/2 Tl Backpulver
1 Prise Salz
175 g brauner Zucker
120 ml Sonnenblumenöl
1 Ei

FÜR DIE COOKIE-DOUGH-FÜLLUNG:

200 g weiche Butter
100 g brauner Zucker
85 g Mehl
2 El Milch
75 g Zartbitter-Schokotropfen

ZUBEREITUNGSZEIT:

ca. 25 Minuten
(plus ca. 30 Minuten Backzeit)

✦ Den Backofen auf 175 °C vorheizen. Zwei Backbleche mit Backpapier auslegen. Die Haferflocken mit Mehl, Backpulver und Salz in einer großen Schüssel gründlich vermischen. Zucker, Sonnenblumenöl und Ei hinzufügen und alle Zutaten zu einem krümeligen Teig vermischen.

✦ Esslöffelweise 30 Teigportionen abnehmen und zu Kugeln rollen. Mit ausreichend Abstand zueinander auf die Bleche setzen. 12-15 Minuten backen, bis die Kekse goldbraun sind. Auf einem Kuchengitter vollständig abkühlen lassen.

✦ Für die Füllung die weiche Butter mit dem braunen Zucker einige Minuten lang cremig aufschlagen. Abwechselnd Mehl und Milch unterrühren. Zuletzt die Schokotropfen unterheben. Das Frosting in einen Spritzbeutel mit großer Lochtülle füllen und 10-15 Minuten kühl stellen. Auf die Unterseite von 15 Cookies aufspritzen und jeweils mit der Unterseite der restlichen Cookies zusammensetzen.

COOKIE DOUGH
Macarons

Für ca. 20 Stück

FÜR DIE MACARONS:

85 g fein gemahlene Mandeln
150 g Puderzucker
90 g Eiweiß
55 g Puderzucker

FÜR DIE COOKIE-DOUGH-FÜLLUNG:

125 g weiche Butter
125 g feinster Zucker
2 EL Milch
150 g Mehl
2 El ungesüßtes Kakaopulver
1 Prise Salz

ZUBEREITUNGSZEIT:

ca. 30 Minuten
(plus ca. 15 Minuten Ruhezeit
und 30 Minuten Backzeit)

✦ Zwei Backbleche mit Backpapier auslegen. Mandeln und Puderzucker mischen und mindestens zweimal durch ein feines Sieb streichen. Größere Stücke aussortieren oder fein mahlen.

✦ Das Eiweiß mit dem Handmixer anschlagen. Nach und nach den Zucker hineinrieseln lassen, dabei immer weiterschlagen. 10 Minuten auf höchster Stufe aufschlagen, bis sich der Zucker aufgelöst hat und der Eischnee cremige, glänzende Spitzen bildet. Die Hälfte der Mandel-Puderzucker-Mischung zum Eischnee geben und vorsichtig unterheben. Die restliche Mischung hinzufügen und ebenso vorsichtig unterheben.

✦ Den Backofen auf 175 °C vorheizen. Die Masse in einen Spritzbeutel mit runder Lochtülle füllen und insgesamt 40 Kreise mit etwas Abstand auf die vorbereiteten Bleche spitzen. Diese nun vorsichtig mehrfach auf die Arbeitsfläche klopfen, damit mögliche Luftblasen aus der Masse entweichen können. Die Macarons 15-20 Minuten antrocknen lassen, dann nacheinander etwa 15 Minuten backen.

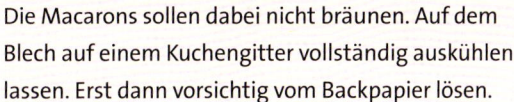

Die Macarons sollen dabei nicht bräunen. Auf dem Blech auf einem Kuchengitter vollständig auskühlen lassen. Erst dann vorsichtig vom Backpapier lösen.

✦ Für die Füllung Butter mit Zucker einige Minuten lang dick-cremig aufschlagen, dann die Milch unterrühren. Mehl, Kakaopulver und Salz nur noch kurz untermischen, bis sich gerade alles vermengt hat.

✦ Cookie Dough in einen Spritzbeutel füllen und vorsichtig auf die Hälfte der Macaron-Unterseiten aufspritzen. Die anderen Macarons aufsetzen und sofort servieren.

COOKIE DOUGH
Pancakes

Für 4 Stück

FÜR DEN COOKIE DOUGH:
75 g weiche Butter
75 g brauner Zucker
100 g Mehl
50 g Zartbitter-Schokotropfen

FÜR DIE PFANNKUCHEN:
200 ml Sahne
125 g Zucker
275 g Mehl
2 Tl Backpulver
1 Prise Salz
250 ml Milch, 3 Eier
75 g zerlassene Butter

AUSSERDEM:
Butter zum Braten
frische Beeren zum Servieren

ZUBEREITUNGSZEIT:
ca. 30 Minuten

✦ Für den Cookie Dough die Butter mit dem Zucker cremig aufschlagen. Mehl und Schokotropfen unterrühren und zu einem festen Teig verkneten. Erbsengroße Stücke abnehmen und zu Kugeln rollen. Kurz kalt stellen.

✦ Für die Pfannkuchen die Sahne mit 50 g Zucker steif schlagen und kalt stellen. Das Mehl mit Backpulver, Salz und restlichem Zucker vermischen. In einer separaten Schüssel die Milch mit Eiern und zerlassener Butter verquirlen. Die flüssige Mischung zu den trockenen Zutaten geben und zu einem glatten Teig verrühren. Zuletzt ¾ der Cookie-Dough-Stücke vorsichtig unter den Teig heben.

✦ Eine Pfanne mit ca. 24 cm Durchmesser auf mittlere Temperatur erhitzen und etwas Butter darin zerlassen. ¼ des Teigs in die Pfanne gießen. Sobald die Oberfläche fest wird, vorsichtig wenden und von beiden Seiten goldbraun backen. Auf diese Weise den kompletten Teig verbrauchen.

✦ Die Pfannkuchen auf Teller verteilen und mit Schlagsahne, frischen Beeren und den restlichen Teigkugeln bestreut servieren.

COOKIE DOUGH
Cheesecake

Für 12 Stücke
(Springform 24 cm Ø)

FÜR DEN COOKIE DOUGH:

125 g weiche Butter

75 g brauner Zucker

75 g feinster Zucker

1 El Vanilleextrakt

150 g Mehl

1 Prise Salz

2 El Milch

100 g Zartbitter-Schokotropfen

FÜR DEN BODEN:

250 g Schokoladenkekse mit
Milchcreme-Füllung

100 g zerlassene Butter

weiche Butter für die Backform

✦ Für den Cookie Dough die Butter mit den beiden Zuckersorten und dem Vanilleextrakt dick-cremig aufschlagen. Mehl und Salz mischen. Abwechselnd mit der Milch unter den Teig rühren. Zuletzt die Schokotropfen unterheben. Den Teig zu etwa 2 cm großen Kugeln formen, auf einen Teller legen und ca. 1 Stunde einfrieren.

✦ Den Backofen auf 160 °C vorheizen. Für den Boden die Kekse mit einem Nudelholz fein zerbröseln. Mit der geschmolzenen Butter vermengen. Eine Springform mit Butter einfetten. Die Keksmischung auf den Boden der Form drücken.

✦ Alle Zutaten für die Füllung verquirlen, bis die Masse glatt und luftig ist. Auf den vorbereiteten Boden gießen und die Cookie-Dough-Kugeln darauf verteilen. Im vorgeheizten Backofen 55-60 Minuten backen. Der Kuchen ist fertig, wenn die Füllung in der Mitte nicht mehr flüssig ist.

FÜR DIE CHEESECAKE-FÜLLUNG:

500 g Magerquark

400 g Frischkäse

175 g feinster Zucker

4 Eier, 1 Tl Vanille-Extrakt

ZUBEREITUNGSZEIT:

ca. 30 Minuten (plus ca.
5 Stunden Kühlzeit und
1 Stunde Backzeit)

✦ Zuerst auf Raumtemperatur abkühlen lassen, dann mindestens 4 Stunden im Kühlschrank durchkühlen.

Tipps

Mit dem Schokosirup von Seite 60 servieren. Statt gefüllter Schokokekse können für den Boden auch Vollkorn- oder Haferkekse verwendet werden.

SCHOKO-WAFFELN MIT
Cookie Dough

Für 8-10 Waffeln

FÜR DEN SCHOKOSIRUP:

250 g Zucker

1 Prise Salz

100 g Kakaopulver

1 El Vanilleextrakt

FÜR DEN COOKIE DOUGH:

50 g weiche Butter

2 El feinster Zucker

50 g brauner Zucker

75 g Mehl

1 Prise Salz

2 El Milch

50 g Zartbitter-Schokotropfen

✦ Für den Sirup 250 ml Wasser, Zucker und Salz in einem Topf aufkochen. Kakaopulver und Vanilleextrakt einrühren und ca. 5 Minuten unter ständigem Rühren köcheln lassen, bis der Sirup leicht eingedickt ist. Heiß in eine Flasche füllen und gut verschließen. Im Kühlschrank hält sich der Sirup einige Tage.

✦ Für den Cookie Dough die Butter mit beiden Zuckersorten schaumig aufschlagen. Mehl und Salz mischen und abwechselnd mit der Milch unter die Buttermischung rühren. Zuletzt die Schokotropfen unterheben. Bis zur weiteren Verwendung kalt stellen.

✦ Für den Waffelteig Mehl mit Kakaopulver und Salz in einer Schüssel vermischen. In einer separaten Schüssel Eier mit Buttermilch, zerlassener Butter und Zucker gut verquirlen. Die Mehl-Mischung darübersieben und kurz unterrühren.

Tipp

Sehr lecker dazu schmeckt
auch Schlagsahne.

FÜR DIE WAFFELN:

250 g Mehl

2 El ungesüßtes Kakaopulver

1 Tl Backpulver

1 Prise Salz, 2 Eier

450 ml Buttermilch

120 g zerlassene Butter

75 g Zucker

2 Bananen

weiche Butter für das
 Waffeleisen

ZUBEREITUNGSZEIT:

ca. 45 Minuten

✦ Ein Waffeleisen auf mittlere bis hohe Tempe-
ratur erhitzen und mit etwas Butter einpinseln.
Portionsweise Waffelteig ins Waffeleisen geben.
Kleine Stücke vom Cookie Dough abzupfen, zu
Kugeln rollen und auf den Teig geben. Zu knuspri-
gen Waffeln ausbacken.

✦ Die Waffeln mit Bananen in Scheiben und
Schokoladen-Sirup dekorieren und servieren.

Gugelhupf
MIT COOKIE DOUGH

Für 12 Stücke

(Gugelhupfform 25 cm Ø)

FÜR DEN TEIG:

500 g Mehl
1 Pk. Trockenhefe
1 Prise Salz
100 g Zucker
250 ml Milch
75 g weiche Butter
2 zimmerwarme Eier

FÜR DEN COOKIE DOUGH:

120 g weiche Butter
120 g Puderzucker
150 g Mehl
1 ½ Tl Zimtpulver
1 Prise Salz
2 El Milch
100 g Zucker

✦ Mehl mit Hefe, Salz und Zucker in einer Schüssel gut verrühren. Die Milch leicht erwärmen und lauwarm dazugießen. Alles zusammen mit Butter und Eiern zu einem geschmeidigen Hefeteig verkneten. Abgedeckt an einem warmen Ort etwa 1 Stunde gehen lassen, bis er sein Volumen verdoppelt hat.

✦ Für den Cookie Dough Butter mit Puderzucker dick-cremig aufschlagen. Mehl, 1 Teelöffel Zimt und Salz vermischen und abwechselnd mit der Milch unterrühren. Zu einem glatten Teig verrühren. Zucker mit restlichem Zimt vermischen. 1-2 cm große Kugeln aus dem Teig formen und in der Zimt-Zucker-Mischung wälzen. Auf einen Teller legen und bis zur Verwendung in den Kühlschrank stellen.

✦ Den Backofen auf 175 °C vorheizen. Eine Gugelhupfform mit Butter einfetten. Etwa 5 cm große Teilstücke vom Hefeteig abnehmen und zu Kugeln formen. Jeweils 1 Cookie-Dough-Kugel in die Hefeteigkugel drücken und anschließend den Hefeteig wieder rund rollen. Ebenfalls im Zimtzucker wälzen. Die Kugeln in die Gugelhupfform legen und abgedeckt noch mal etwa 30 Minuten gehen lassen.

FÜR DIE GLASUR:

150 g zerlassene Butter
175 g brauner Zucker
1 Tl Zimtpulver

AUSSERDEM:

120 g gesiebter Puderzucker
ca. 5 El Milch
Butter für die Form

ZUBEREITUNGSZEIT:

ca. 45 Minuten (plus ca.
1 Stunde 30 Minuten Ruhezeit
und 40 Minuten Backzeit)

✦ Für die Glasur die Butter mit dem braunen
Zucker und Zimt gut vermischen und gleichmäßig über die Teigkugeln in der Form gießen. Den
Gugelhupf 35-40 Minuten backen. Aus dem Ofen
nehmen, 10 Minuten in der Form abkühlen lassen,
dann vorsichtig auf eine Kuchenplatte stürzen.

✦ Für den Zuckerguss Puderzucker mit so viel
Milch glatt rühren, bis eine cremige Konsistenz
entsteht. Über den noch warmen Kuchen gießen.
Abgekühlt servieren.

Rezeptverzeichnis